AF249131

READ

READ

[A JOURNAL OF INTER-TRANSLATION : 2009]

Published by Tamaas and 1913 Press
www.tamaas.org journal1913.org

Copyright © 2011 by Tamaas
All rights reserved

ISBN 978-0-9840297-0-9

1913 books are distributed by
Small Press Distribution
www.spdbooks.org

Printed on acid-free, recycled paper
in the United States of America

ACKNOWLEDGMENTS

The translations collected here were begun during a weeklong translation seminar held at Reid Hall in Montparnasse in Paris during June of 2009, sponsored by the international arts association Tamaas. The poets worked in pairs, so that each participant was both an author and a translator, underscoring the essential act of writing that unites the two. During the five days of the seminar, the writers translated each other's work on the spot and then completed the translations in the following months. In this, as in previous volumes, the translated texts are presented first, followed by the authors' original versions.

Tamaas and the editors of this book would like to thank the following publishers: Coffee House Press for the rights to reproduce selections from *Cosmopolitan* by Donna Stonecipher; Editions Champ Vallon for the rights to publish extracts from Stéphane Bouquet's book, *Un Peuple*; Contrat Maint for the rights to publish selections from *Given* by Vincent Broqua.

In addition, thanks to Martin Richet for his permission to allow publication of the translations from his book *L'autobiographie de Gertrude Stein*, published by Éric Petsy.

The set of numbers presented in the text *Given* was created by Jen Bervin during the translation seminar and were given to the public at the time of the final reading.

Niagara, the book reproduced in the section featuring Jen Bervin, was originally published in 1901.

The selection of poems by Joshua Beckman is from his book *Shake* (Wave Books, 2006).

JOSHUA BECKMAN

[TRANSLATED BY STÉPHANE BOUQUET]

Les oiseaux savent. Le vent sait. Appelle-moi. Je suis toujours
au même endroit regardant la même chose. Le bruit de
l'eau, du vent, des drapeaux, des petits que les oiseaux méritent
réclamant la pluie. Les oiseaux savent. Translucide est le portefeuille
qui retient l'argent en chemin. Les enfants s'arrêtent. Les pèlerins
s'arrêtent. Le remorqueur dérive. Tu sais. Le pont bleu
s'ouvrant pour personne. Le vent sait. Je suis toujours au
même endroit regardant la même chose. L'eau sait. Un portefeuille translucide
rempli d'eau. Les drapeaux claquent au signe de l'eau. On
sait. On commence à chanter à la vue du portefeuille translucide
retenant l'eau. Il chante. Il sait. Il est toujours au
même endroit regardant la même chose. Le pont bleu
s'ouvrant pour personne. La pluie est en chemin vers un portefeuille d'eau.
Les oiseaux savent. Toujours le même endroit, la même chose.

Maintenant commence notre été immaculé
ou le désordre de ce qui s'accorde près de la vérité
ou ils ont fait des lunettes pour moi (sombres choses)
ou sa main posée sur mon torse (rue des champions)
ou la chanson apprise maladroite commune qualité
dont nous avons rendu le partage impossible. Tu vois, Vivian,
le monde entier est devenu habituel, en larmes,
le lit est mis maintenant, le soleil aussi (neige) et tu
continues à peindre (plutôt studieuse alors) et pour moi,
rappelle-toi, tout va bien. Je pense à elle
universelle et divine. Elle a un patio aussi, fière,
et avec calme une chose belle après l'autre est
apportée, puis refusée. Tranquillement et content
je vais. Collecter de les choses est tout ce que je sais.

Dans les jours du célèbre besoin
les gens étaient cruels et doux
la musique ennuyeuse et pénétrante
et si l'on tombait dans un puits
les autres vous tiraient de ce puits.
Les choses étaient comme ça. La campagne
inintelligible par évaporation
et les gens, leur visage, comblés
et sans rien à faire. On s'allongeait
avec la bien-aimée et sans joie
et attendait le passage
de la fumée, de tels nuages, et
on discutait
les efforts du jour, les
annonciations anecdotiques
remplissaient les cuillères qui avant
avaient été remplies avec l'humble
présentation de la pensée intangible.
On nous avait laissés. On avait déversés des rubans
dans les sacs les uns des autres. On s'était évanouis
à coté des lits les uns des autres—le
lys flotte sur la table,
autour des mains de certains,
une lueur. Avec toi dans ce genre
de vieilles villes, je suis écrasé.
Nous, comme toujours, avons appris

à danser et à jeter. Nous avons
rendus élégantes nos façons énigmatiques,
et quand nos dents s'écartent ou
quand nos lèvres s'ouvrent, nous faisons
ce que nous sommes nés pour faire—nos
corps si peu importants parmi
le corps des autres, nos souvenirs
si bien peints, nos futurs
si plein de chemises chères.
Et l'inconfort
de regarder la main de quelqu'un
couvrir le corps de quelqu'un d'autre.
C'est l'histoire et c'est l'argent
et ce sont les horribles chapeaux que les femmes
avec lesquelles tu traînes veulent porter,
c'est l'inacceptable démarche fanfaronne
du glacé, se faufilant
à travers nos vies, et c'est
le pont, comment tu grimpes
dessus maintenant et les eaux
sous toi faisant leur truc
stupide et répétitif, et l'air
vidé de ses sons, et les
actes superficiels des autres, et la mouche
et l'herbe que tu ne verras jamais,
et qui se vident sans cesse.
Carl écrivit une fois un poème
horrible et je l'ai accroché au mur
et où est-il maintenant?
Je me vide de mon esprit et commence,
et avant longtemps, une dépanneuse,

une tempête de neige, la pensée de lui
allant en Californie pour rendre
les autres malheureux, la pensée encore, la pensée de
la mer, les façons inconvenantes
des autres, et d'autres moments,
ton pantalon rouge, ton sac sous le bras,
le prochain homme qui quittera
son amante pour toi.

Voici ce qu'on a fait à la chair
la plume et le livre et
l'indiscrétion de la pierre sur laquelle
une petite goutte d'or tombe,
le cri d'un pigeon ou la plainte
du père plié, et
sous les mystères drapés
le vin s'est renversé sur le chien
le chien s'assoit dans un coin
se guérissant de son indifférence
et le rai de lumière illumine
la poussière qu'a simplement
soulevé ton réveil confus—les couvertures
sous le menton:

          tire

et près de la rivière lointaine
ils écoutent, l'herbe tondue
vole à travers la fenêtre et
pourquoi la musique et l'absorbance
de ce béton qui a distillé
les désaccords du voisinage
et a laissé « par la musique
qu'il déploie doucement » un champ vide
de ballons perdus roulant dans les rues
comme ont, en d'autres temps, les volcans

recouverts ces chanteurs qui

rendaient justice aux sommets cosmiques

qu'ils voyaient au travers

de leurs fenêtres également majestueuses, la feuille

de menthe toucha la lèvre, la résurrection

régulière des espaces vides

résultant du bannissement,

l'échelle posée contre l'arbre,

Chère Margaret, Je, en ces

refrains continus et jaloux qui

informent la plupart des paroles sincères,

je m'étends et ma fleur tapote ton

halo—comme elle s'entortille

maintenant entourée de ces gens ensachés

que seule la Floride possède. J'ai

fait détaler ton aura et à partir de là (son soleil)

j'ai rassemblé la lumière. Ceci, tu vois,

est notre pacte civil de solidarité—la

conclusion de chaque boucle d'oreille

soigneusement attachée

et d'une incompréhension fragrante, le chœur

de l'appel barbare, pendant qu'ici dans cette réunion

on me fait passer cette note :

Lugubres sommes-nous qui aimons seulement la reconnaissance
Maintenant donne moi le sabre.

Ce que j'ai fait.

13 00   Derrière le rideau
                         bébé embrassant mère

13 05   Nuages couvrent montagnes

13 10   Rubans en motifs descendants

13 20   Rencontre tragique du sabre et de la table

La chair. En temps voulu tu apprendras à entièrement
regarder. En temps voulu tu apprendras à
entièrement toucher. En temps voulu tu apprendras
à entièrement habiller. En temps voulu tu
apprendras à entièrement manger. En temps voulu tu
apprendras à dire entièrement ce qui a
été vu, a été touché, a été tué, a été mangé.
Ensanglantées sont nos heures, à la réflexion,
La phalange et le doigt et le papier.
L'épaule. Au crépuscule j'ai glissé hors de la ville,
Le bébé sous mon aile. Maintenant allons vers l'eau,
Où ce que j'ai fait sera réfléchi bientôt.

JOSHUA BECKMAN

[ORIGINAL TEXTS]

The birds know. The wind knows. Call me. I'm always
in the same place watching the same thing. The sound of
water, of wind, of flags, of the birds' deserved babies
crying for rain. The birds know. Translucent is the wallet
that holds the money on its way. Children stop. Pilgrims
stop. Tugboats drift. The wind knows. I'm always in the
same place watching the same thing. You know. The blue bridge
opening for no one. The water knows. A translucent wallet
filled with water. Flags flapping at the sign of water. We
know. We start singing at the sight of the translucent wallet
holding water. It's singing. It knows. It's always in
the same place watching the same thing. The blue bridge
opening for no one. The rain on its way to a wallet of water.
The birds know. Always the same place, the same thing.

Now begins our immaculate summer
or the clutter of what tunes itself near the truth
or they have made glasses just for me (gloomy things)
or her hand there on my chest (the street of champions)
or the chorus of taught and clumsy common quality
we have made ourselves unable to share. See, Vivian,
the whole world's gone typical, crying,
the bed's now set, the sun the same (snow) and you
kept painting (so rather studious) and for me,
remember, everything's fine, I think of her
universal and divine. She has a patio too, proud,
and in stillness one beautiful thing is brought forward
after another, and refused. Leisurely and pleased
I go. To collect of things is all I ever know.

In the days of famous want
the people acted cruel and sweet
the music was boring and insightful
and if one found oneself in a well
the others would pull you from that well.
That is how it was. The countryside
unintelligible in its evaporation
and the people, their faces, full
and with nothing to do. One would
lie with the beloved and cheerless
and await the passing over
of smoke, such clouds, and
the endeavors of the day
would be discussed, the
anecdotal annunciations would
fill the spoons which earlier
had been filled with the humble
presentation of intangible thought(drugs).
We had been left. We had poured ribbons
in each other's bags. We had collapsed
beside each other's beds—the
calla lily floats above the table,
about the hands of certain people,
a glow. With you there in such
historic towns, I'm brought down.
We, at all times, have learned

to dance and to throw. We have
made gallant our enigmatic ways,
and when our teeth part or
when our lips open, we are doing
what we are born to do—our
bodies so unimportant amidst
the bodies of others, our memories
so well painted, our futures
so full of expensive shirts.
And the uncomfortableness
of watching someone's hand
cover the body of someone else.
It is history and it is money
and it is the ugly hats the women
you're always with want to wear,
it is the unacceptable swagger
of the iced, threading their way
through our life, and it is
the bridge, how you climb
atop it now and the waters
below you doing their stupid
repetitive thing, and the air
emptied of its sound, and the
shallow acts of others, and the fly
and the grass you will never see,
the constant emptying.
Carl once wrote the most horrible
poem, and I pinned it to my wall
and where is it now?
I empty myself of wit and begin,
and before long, a tow truck,

a snow storm, the thought of him
going to California to make
other people miserable, the
thought again, the thought of
the sea, the unbecoming ways
of everyone, and other moments,
your red pants, your cradled purse,
the next man who will leave
his lover for you.

This is what's been done to flesh
the quill and the book and the
indiscretion of stone upon which
a little drop of gold does fall,
the cry of a pigeon or moan
of the folded over father, and
beneath these drapéd mysteries
the wine does spill upon the dog
the dog does sit in the corner
curing itself of this indifference
and the bar of light does illumine
such dust as has been brought
into upheaval with only your
untidy waking—the covers under
your chin:

       pull

and in the distant river
they are listening, cut grass
blown through the window and
why music and the absorbancy
of such concrete as has distilled
the discordance of the neighborhood
and has left "through the music
he sweetly displays" an empty field

of lost balloons rolling into streets
as have, in other times, volcanoes
covered such singers as do justice
to the cosmic tops they had seen through
their equally majestic windows, the mint
leaf touched the lip, the regular
resurrection of those empty spaces
that result from banishment,
the ladder leaned against a tree,
Dear Margaret, I, in such
constant envious refrain as does inform
most open speech, do extend and my
flower does tap your halo—how it spins
now surrounded by such bagéd peoples
as only Florida can offer. I have set
your aura a runnin and from it (its sun)
I gather light. This, you see,
is our domestic partnership—the
conclusion of each well-attached earing
and fragrent misunderstanding, the chorus
of the barbaric calling, while here in the meeting
I'm passed this note:

> Dismal are we who love only recognition
> Now hand me the saber.

Which I did.

1:00 pm   Behind curtain
       baby kissing mother

1:05 pm   Clouds cover mountains

1:10 pm   Ribbons in patterns descending

1:20 pm   Tragic event of saber and table

The flesh. In time you will learn to look
at everything. In time you will learn to
touch everything. In time you will learn
to clothe everything. In time you will
learn to eat everything. In time you will
learn to say of everything that it has
been seen, that it has been touched, that
it has been killed, that it has been eaten.
Bloodied are our hours, in reflection,
the knuckle and the finger and the paper.
The shoulder. At dusk I did slip from the town,
the baby under my wing. Now to the water,
where what I have done will be reflected on later.

STÉPHANE BOUQUET

[TRANSLATED BY SARAH RIGGS
AND COLE SWENSEN]

FROM **A PEOPLE**

Walt Whitman: bearded old man, sitting facing the river, tired but watching the parade of everything absolutely everything that the river carries along. Rubicund face, jovial smile, as if he'd created the world and accepts it, accepts every last twig of his creation and rejoices in it, and we, too, we're also there, and also astonished by what's passing in the great, endless parade. And this is the world, this passage, no proprietary instinct, it simply distributes things as soon as they're created, disperses them: receive them who can, take them who will, in the great egalitarian republic.

Walt Whitman: not stopping to consider whether or not the chest is hairy, just holding it, him too, endlessly. So it makes sense that his poem never ends either. So lovely is the embrace, even of death; he says so explicitly. It's so good that it lasts. All the most vulgar puns come to mind. On the embrace of the world and the sap that the friction of that caress produces, but all puns are accurate, pertinent. His whole collection, interminable, interminably growing, is the proof of this sap, is a moment of ongoing sperm, is the meaning of and the reason for the continual accumulation of the poems. Finally Whitman, like Charles Baudelaire on this side of the world, invents a new principle of accumulation: the flaneur among us. Of course, they didn't look at the real in the same way. Baudelaire is still a vertical poet: he has to undo the old world; he's still haunted by hints of quintessence and volatility: perfumes, scents, hair, clouds, something promising in this celestial indecision, in this diffuse silhouette. He often wanders toward this promise; he often looks for a breech, usually high up, sometimes down low, in order to live in other, hypothetical, dimensions. Rarely does he wander the streets as though he's already there, though more and more as he gets older, more and more as he comes together. Whitman, on the other hand, and the reason I feel close to him, is a horizontal poet: there is nothing beyond what is, all meaning is at our feet, in the trampled grass. But we've got to go farther, much farther, for at the end of these roads there are no doubt other roads and no doubt other faces, other birds, other names.

Ovid: his clearings in which lovers finally sleep in the arc of requited arms. Bodies damp with dew, often at the very opening of morning, and before that, before the joy of this embrace: a lot of running around through the undergrowth & rustling branches, flitting escapes, wild desire. Such is the oppression of the poem: to be the victim of all this desire to say. It's sometimes said that Ovid was exiled because his poetics contradicted the new Augustinian moral order—that's unlikely—but the oppression that he suffered, even before his exile, as if his mouth was plastered against permanent genitalia.

Virginia Woolf: in one of the French translations of Mrs. Dalloway, toward the end of the party, Clarissa is off in another room, by herself. The bells of Big Ben ring, resounding in ever more fragile waves, dissolving in the air and becoming invisible filaments. Clarissa is alone, thinking of Septimus, perhaps sensing him in the filaments of air, perhaps breathing him in. She says to herself: "Death is an embrace." (An intensely moving phrase, and now I understand why: it says that death also is an instant of materiality.) This phrase doesn't exist in the English, nor in any other French translation, and I think this is what's behind all the pseudo-theories that claim that translation is a loss, an error, a betrayal, etc. Quite the opposite, translation is literally an augmentation, an offered addition. Translation multiplies the possibilities of emotion, and neither diminishes nor suppresses them. And what exactly is there to betray anyway? I can't imagine. Texts are not the relics of saints. They're not vehicles of sacred meaning. And writers are nothing other than, all literature is nothing other than, angels with lopsided wings are nothing other than, a pledge to materiality, a production of excess. A eulogy for the world that's always beginning again. I could suggest a metaphor: texts are the maid's clothes. She envelopes herself, alluring and affected, but actually only waiting to lift her skirt, to be naked to the world. As does literature; it waits for the world to finally unburden it of language.

John Keats: "The poetry of earth is never dead." *The poetry of the earth never dies.* I'm drawn to him by such lines. They speak to the way that the world, for Keats, is an incessant flux. On his tomb, (in the "Non-Catholic" Cemetery in Rome, where the 19th century is still palpable) he had wanted to write: "Here lies one whose name was written on water." *Ci-gît quelqu'un dont le nom fut écrit sur de l'eau.* In a way, a being is a passing game of light and current, returning to the nameless water, thus realizing Keats's dearest wish, our common dearest wish: to fade away, to dissolve.

Emily Dickinson: the most beguiling uppercase letters in her work aren't those that celebrate God, Fear, the Horizon, or even Us. But those that raise the Robin Redbreast, the Bee, and even (and especially) the Broom and Crumbs to a state of majestic things. This practice can be read as a sign of a profound tendency to augment beings and things until, finally, nothing remains but essences in conflict, so that the world possesses a power comparable to that of the terrifying God. For her, it also seems to be a question of bringing the poet (an I by uppercase logic) down to size, down to the level of everything else, of adjusting the surroundings to her height. Now "I" walk the Garden Paths and amble shoulder to shoulder with the Bee; now she possesses the wings of the Robin and its Sunset breast.

Walt Whitman: the stature that he gives to his "I," to his "me myself." He says he's an intercessor, an intersection. His world is roads and paths, and he is each of them: come forth, march on, trample them and me. I hold a similar credo: come quick, surging crowd, tear me to shreds if you can. (For ex. I was coming back from a game at the stadium on a friend's Vespa, holding onto his blondness, trapped with him in the endless line of traffic, and I wanted to hand myself out, to have everyone carry my proof back to his modest apartment, and in this way to inhabit lives, & in the end—in all logic—to have suffered joy.)

Wallace Stevens: calm and wearing a tie, sitting at his work table. He notices that dust falls on the desk and doesn't go away. That is also proof of the gaze, of the eye. The window opens out onto landscapes, both the still life and the moving; the porch of the wooden house looks out on the four cardinal points as well as to the sky. It's taken him a while to do it, but he has: from then on, he sits in his simple chair, serene, at almost the precise center of everything; it looks like nothing has escaped. Yes, it all comes together, arranged in perfectly regular stanzas, and it holds, even under changing light. I don't know any poet more capable of giving meaning to the stanza than Wallace Stevens. He doesn't use it like the vestiges of an earlier poetry, like the ruined presence of the past's methods and melodies, but because it's proof of the subtle arrangement of the world, the guaranty that there are rules and order somewhere. This reassures Stevens: couplets, tercets are like a kitchen cabinet for clearly labelled things.

Leon Tolstoy: The count Vronski comes back from a long ride. Having been in the saddle all day, he's exhausted. Outside it's raining; outside the paths are rutted and slow down his walk. His uniform, previously tan, is black with mud, his face likewise. This is vaguely the decor in the scene in my memory. What follows is less sure: Vronkski enters his house and collapses onto the couch. He unbuttons his tunic, revealing his hairy chest. This detail is all it takes to make something occur in the path, until now tranquil, almost indifferent, of Anna Karenina's life. I'm suddenly overwhelmed with emotion: a hard and unexpected penis pushes out from between my legs. Then, from the next page on, it all goes back to being flat, exterior, quiet, and orderly, a reading that remains polite up to the end. I couldn't tell you a thing about the book's plot, but that fact that it brought me to life for a brief moment, a single moment, is enough to classify it as unforgettable. It is here that I remember. To write and to read have the same utopian horizon: the lovely palpitation of living. We begin to write, usually, I do usually, believing stupidly that we're saving ourselves from death, and instead we discover that we're saving ourselves for life, to touch it, moving in tune with the flux of the word.

Leon Tolstoy: I just read *War and Peace* to check on something, and it turns out I'm right. I'm sorry to say it, but Tolstoy is very useful for my kind of reader. The marvellous body, with its eyelashes starred with ice, of Nicolas Rostov, I'm lying next to him—he's letting me. And how many, at this ball innumerable pages long, turned my head: Boris Droubetskoi, Anatole Kouraguine, Fiodor Doloknow, and on and on. And thinking of them and of the mucky desire through which I let them drag me. As an adolescent, I wrote pornographic additions to the novels I loved: the number of times that Julien Sorel or Madame de Nemours cheated on their spouses with me, sexually with me, I can't imagine. But it was often, and it all happened on sheets of paper folded and slipped in between the pages, black with fantasies, where, if willing, I landed my real and their invented sperm.

Sappho: she's a better symbol of the start of poetry than, let's say, Homer or Hesiod (because we've had to give up Solon). It's not a matter of talent, of course, but of posture, of stature in the world: Sappho vaulted over the poplars and their brashness of cicadas, she's simply sitting on the warm grass, next to a river, in the shade of a plane tree, her feet dangling in the water, in the stillness of high noon, she witnesses the continual renewal of beauty, she trembles, blushes, perspires, her mouth goes dry, etc., she sings. For example, there's fragment 74:

> *. . . goatherd . . . desire . . . sweat . . .*
> *pink . . .*
> *. . . I say . . .*

I know that this wasn't what she intended and that her lines were all refined constructions with a precise interlocking of long and short, elaborate instruments of seduction that must have made getting nights of love and a salary in dracmas a lot easier. But this other Sappho, ours, the only one we can know, wrote the perfect poem: she named things, in fact, pretty much the only ones that exist as far as I'm concerned, and she said that she had named them. Centuries later, Rainer Maria Rilke, in his 9th elegy, will refer to the same notion as our Sappho: the poet (says he with his own emphasis) moves out among: he articulates the first and last names of things.

Constantin Cafavy: also a very old Greek in his own way, holds that we should also state the exact age of everything. We are in an orchard of streets, the trees are a certain age; their fruits, are a certain age, their eyes, a certain blue or brown, splendid, exciting; their mouths, we want so much to kiss them.

Angelus Silesius: "If you love something, you love nothing / God is neither this nor that / leave the something entirely behind." To each augmentation of death, respond with an additional and undifferentiated extension of the world.

Angelus Silesius: even so: he no doubt belongs to the temptation of silence. There's a world made of contemplative silhouettes, which drown for example in reeds of the Moselle where I was this morning. There's a part of us that furiously seeks insignificance and the immense calm that it promises. We are unclothed; we are naked and dispossessed; we go back to stone or to the river which are beyond repeal, by definition complete and homogeneous with themselves. But that—this empty peace—never comes: a boy glimpsed so beautiful this morning, I followed him out of the reeds, my happiness taking advantage of a long look at his back— and guided by him, i return to the commercial streets which are (it's true), another version of myself.

> A people: many
> people walk outside in the entirety of streets
> this night of snow and general strikes, over there
> the cathedral, its lights

all of it so close
bicyclist: his back spreads
so reigns relaxation   i'd like to merge
    once more
if there's a future
when death will hold us calm
—let's say it's him
who'd walk and we
will breathe.

STÉPHANE BOUQUET

[ORIGINAL TEXTS]

Walt Whitman : vieil homme barbu, assis devant le fleuve, fatigué mais le regardant, regardant défiler devant lui tout, absolument tout, ce que charrie le fleuve. Face rubiconde, sourire jovial, on dirait qu'il a créé le monde et qu'il l'accepte, qu'il accepte toutes les brindilles de sa création et s'en réjouit, et que nous si on veut, on soit là aussi, et s'émerveille aussi, des choses qui passent, du grand défilé interminable. Ainsi le monde est ce passage. Aucun instinct de propriétaire, mais il distribue les choses aussitôt que créées, il les disperse : les reçoive qui pourra, les prenne qui veut dans la grande république égalitaire.

Walt Whitman : ne s'arrêtant pas à la question de savoir si un torse était poilu ou non, mais l'étreignant, lui aussi, sans cesse. De sorte qu'il est logique que son poème ne cesse pas, non plus. Tant l'étreinte est agréable, même de la mort (il le dit explicitement). Tant il est bon que cela dure. Tous les jeux de mots les plus vulgaires sont possibles, sur l'étreinte du monde et la sève qu'elle produit, à force de frictions, mais tous les jeux de mots sont vrais, acceptables. Son recueil tout entier, interminable, sans fin grossi, est la preuve de cette sève, est un moment qui continue du sperme, est la raison et le sens à l'ajout des poèmes. Whitman finalement, comme de ce côté-ci du monde Charles Baudelaire, invente un nouveau principe d'accumulation : la promenade parmi nous. Ce n'est pas le même réel bien sûr chez l'un et l'autre. Baudelaire est un poète encore vertical : il doit se défaire du vieux monde, il reste hanté par ce qui est indication de quintessence et de volatilité : parfums, odeurs, chevelures, nuages, quelque chose se promet dans cette indécision céleste, dans cette silhouette diffuse ; il erre souvent en direction de cette promesse, il cherche souvent des trouées vers en haut ou vers en bas afin d'exister dans diverses autres dimensions hypothétiques : les bûches tombent sur le pavé, un gouffre est peut-être proche, une joie dans le noir a peut-être lieu qui sait? Il arpente rarement les rues comme déjà arrivé, mais il le fait de plus en plus avec l'âge, de plus en plus il est ensemble. Whitman, au contraire, d'où ma proximité à lui, est un poète horizontal : il n'y a rien au-delà de ce qui est, tout le sens est à nos pieds, dans l'herbe foulée. Seulement, il faut aller voir plus loin, encore plus loin, car au bout de ces chemins-ci, il y aura sûrement d'autres chemins, et forcément d'autres visages, d'autres oiseaux, d'autres prénoms.

Ovide : ses clairières où les amants à la fin dorment dans l'arceau de bras réciproques. Corps humidifiés de rosée, tout début d'un matin souvent, et avant ça, avant ce bonheur de l'étreinte : beaucoup de courses et de sous-bois, & branches frôlées, fuites, désirs incontrôlables. Telle est l'oppression du poème : être victime de tout ce désir à dire. On assure parfois qu'Ovide fut exilé parce que sa poétique entrait en contradiction avec le nouvel ordre moral augustéen, c'est improbable. Mais l'oppression qu'il a subie, avant même l'exil, comme si sa bouche était plaquée contre un sexe permanent.

Virginia Woolf : dans une des traductions françaises de Mme Dalloway, vers la fin de la fête, Clarissa est dans un salon reculé, isolé, les cloches de Big Ben sonnent et résonnent en ondes toujours plus frêles et se dissolvent dans l'air et deviennent des filaments invisibles. Clarissa est seule, elle pense à Septimus, peut-être qu'elle le sent dans les filaments de l'air, peut-être qu'elle le respire, elle se dit : « la mort est une étreinte. » (Phrase intensément émouvante et maintenant je sais mieux pourquoi : elle dit que la mort aussi est un instant de la matière.) Cette phrase n'existe pas en anglais ni dans les autres traductions françaises. A partir de quoi, me semble-t-il, tombent toutes les pseudo-théories qui prétendent que la traduction est une perte, un défaut, une trahison, etc. Au contraire, la traduction est un gain, au sens propre : une addition offerte. La traduction multiplie les possibilités de l'émotion, elle ne les diminue pas ni ne les supprime. De toute façon : qu'est-ce qu'il y aurait à trahir, exactement ? on ne voit pas. Les textes ne sont pas des saintes reliques. Ils ne véhiculent aucun sens sacré. Et les écrivains ne sont rien d'autre, la littérature tout entière rien d'autre, qu'une allégeance faite à la matière, qu'une production supplémentaire, un éloge toujours recommencé du monde. Je peux proposer une métaphore : les textes sont les habits de la servante, elle s'en enveloppe mais, aguicheuse et apprêtée, elle attend en vérité d'être troussée, elle attend d'être seulement nue dans le monde. Telle est la littérature, elle attend que le monde la débarrasse enfin entièrement du langage.

John Keats : « The poetry of earth is never dead / La poésie de la terre ne meurt jamais. » Un tel vers m'attache à lui. Il témoigne que le monde, pour Keats, est un flux incessant. Sur sa tombe, (cimetière acatholique de Rome, sorte de réserve protégée de XIXe siècle dans aujourd'hui), il a voulu écrire : « Here lies one whose name was written on water / Ci-gît quelqu'un dont le nom fut écrit sur de l'eau. » D'une certaine façon, un être est un jeu passager de la lumière et du courant, ensuite il rejoint l'eau anonyme, ensuite se réalise le cher vœu keatsien, notre cher vœu commun : to fade away, to dissolve, s'effacer, s'évanouir.

Emily Dickinson : les majuscules les plus envoûtantes de son œuvre ne sont pas celles qui grandissent Dieu, la Crainte, l'Horizon ou même Nous. Mais celles qui élèvent en majesté le Rouge-Gorge, l'Abeille et même (et surtout) le Balai, les Miettes. On peut lire cette pratique comme signe d'une profonde pulsion à hypostasier les choses, les êtres, pour qu'il n'y ait plus finalement qu'un conflit d'essences, pour que le Monde possède une puissance comparable à celle de Dieu effroyable. Mais aussi, on peut croire qu'il s'agit pour elle d'atténuer la taille du poète (un I par principe majuscule), de l'égaliser avec tout le reste, d'amener l'autour à sa hauteur.

Maintenant, « I » se promène dans les Allées du Jardin et butine d'égale à égale avec l'Abeille, maintenant elle possède les ailes du Rouge-gorge et son torse de Couchant.

Walt Whitman : la stature qu'il donne à son « I », à son « me myself ». Il dit qu'il est un intercesseur, un carrefour. Son monde est sentiers et chemins, et il est chacun d'eux : marchez dessus, venez, piétinez-les et moi. Je possède un credo proche : venez vite, troupeau de tous, et dépecez-moi si possible. (Par ex. je rentrai du stade et d'un match sur la vespa d'un ami, je serrais sa blondeur même, nous étions coincés dans le déferlement de voitures, j'aurais voulu me distribuer, que chacun emporte une preuve de moi dans ses appartements modestes, et ainsi j'aurais habité les vies, & à la fin—en toute logique—subi la joie.)

Wallace Stevens : tranquille et cravaté assis à sa table de travail. La poussière tombe sur le bureau, il ne l'efface pas, il constate. Cela aussi sont des preuves du regard, de l'œil. La fenêtre ouvre sur les paysages, les natures mortes et vivantes ; la terrasse de la maison de bois se déploie vers les quatre points cardinaux et vers le ciel aussi. Il a mis un certain temps à y parvenir mais c'est arrivé : désormais il est assis sur un fauteuil simple, serein, presque au centre précis de tout, il ne semble pas que rien échappe. Oui, cela s'organise, s'ajuste en strophes parfaitement régulières, et cela tient ensemble, soumis aux variations de la lumière. Je ne sais pas si un poète fut plus capable de donner sens aux strophes que Wallace Stevens. Il utilise la strophe non comme un reste de l'ancien poème, non comme une présence ruinée des méthodes et des mélodies d'hier, mais parce qu'elle est la preuve du subtil agencement du monde, la certitude qu'il y a des règles et de l'organisation quelque part. Wallace Stevens est rassuré par cela ; distiques, tercets sont presque un placard de cuisine pour les choses étiquetées.

Léon Tolstoï : le comte Vronski revient d'une longue course à cheval, il fut en selle toute la journée. Il est éreinté. Dehors, il pleut ; dehors, les chemins sont pétris d'ornières qui ont ralenti sa marche. Son uniforme, avant clair, est noir de boue, son visage idem. Tel est vaguement le décor de la scène en ma mémoire. La suite est plus sûre : Vronski pénètre chez lui et s'abat sur le divan. Il dégrafe sa tunique, son poitrail poilu apparaît. Il suffit de cette notation et quelque chose se produit dans le cours jusqu'alors tranquille, presque indifférent, d'Anna Karénine. J'éprouve une subite invasion d'émotion : un sexe dur et inopiné me pousse entre les jambes. Puis, dès la page suivante, tout rentre dans l'ordre plat, extérieur, assagi, une sorte de lecture polie jusqu'à la fin. Je ne pourrais rien raconter de l'histoire de ce livre, mais qu'il m'ait rendu vivant, une fois, une seule fois, suffit à le classer dans l'inoubliable. Ici, je m'en souviens. Ecrire et lire ont donc le même horizon d'utopie : l'adorable palpitation de vivre. On commence à écrire, en général, moi en général, en croyant bêtement qu'on voudrait se sauver de la mort, et on découvre qu'on veut se sauver dans la vie, la toucher, s'agiter dans le flux perpétuel de ce mot.

Léon Tolstoï : je viens de lire Guerre et paix pour vérifier quelque chose. L'hypothèse est confirmée. Je suis désolé de le dire mais Tolstoï est très utile aux lecteurs de ma sorte. Le corps merveilleux, aux cils pris par la glace, de Nicolas Rostov, je me suis allongé contre—et il m'a autorisé. D'ailleurs, la tête tourne de tant de jeunes gens dans le bal innombrable de ces pages : Boris Droubetskoï, Anatole Kouraguine, Fiodor Dolokhov, j'en passe. Voilà : pensant à eux et à la boue du désir où par eux je me laisse traîner. Déjà adolescent, je griffonnais des suppléments pornographiques dans les romans que j'aimais : le nombre de fois que Julien Sorel ou M. de Nemours ont trompé leurs amoureuses respectives avec moi, sexuellement avec moi, je l'ignore. Mais c'était souvent, et cela se passait sur une feuille pliée intercalée entre les pages, noire de fantasmes, et où, si volontiers, je faisais atterrir mon sperme réel et le leur inventé.

Sappho : elle incarne un meilleur début symbolique pour la poésie que, disons, Homère ou Hésiode (puisque nous avons dû renoncer à Solon). Ce n'est pas une question de talent, bien sûr, mais de posture, de situation dans le monde : Sappho vient de franchir les peupliers et leur brusquerie de cigales, elle s'est simplement assise sur l'herbe tiède, près d'une rivière, à l'ombre d'un platane, les pieds dans l'eau, à l'heure de midi stationnaire, elle assiste à l'apparition toujours renouvelée de la beauté, elle tremble, rougit, transpire, sa bouche s'assèche, etc., elle chante. Par exemple, il y a le fragment 74 :

> *. . . chevrier . . . désir . . . sueur . . .*
>
> *rose . . .*
>
> *. . . je dis . . .*

Je sais qu'elle n'avait rien prévu de cet effet et que ces vers étaient des constructions raffinées, avec un emmêlement précis de longues et de brèves, des instruments de séduction élaborée qui devaient lui rapporter plus facilement des nuits d'amour ou un salaire en drachme. Mais cette Sappho-là, la nôtre, la seule que nous connaissions, a écrit ce poème parfait : elle a nommé des choses, au fond presque les seules qui existent selon moi, et elle a dit qu'elle les avait nommées. Beaucoup de siècles après, Rainer Maria Rilke, dans sa neuvième élégie, refera le même constat que notre Sappho : le poète (dit-il avec son emphase propre) avance parmi ; il prononce le prénom et nom des choses.

Constantin Cavafis : lui, un très vieux grec aussi à sa manière, soutient que nous devons en plus préciser l'âge de tout. Nous sommes dans le verger des rues. Les arbres ont un certain âge ; leurs fruits, un certain âge ; leurs yeux, une certaine couleur bleue ou brune, splendide et enthousiasmante ; leur bouche, nous désirons tellement l'embrasser.

Angelus Silesius : « Si tu aimes quelque chose, tu n'aimes rien / Dieu n'est ni ceci ni cela, laisse entièrement le quelque chose. » Or c'est exactement le contraire : laisse dieu, prends entièrement le quelque chose ; à chaque augmentation de la mort, réponds par l'extension sans différence et supplémentaire d'un monde.

Angelus Silesius, quand même : sans doute qu'il appartient à la tentation du silence. Un certain monde est fait de silhouettes contemplatives qui se noient dans par exemple les roseaux de la Moselle où j'étais ce matin. Une part de nous cherche furieusement l'insignifiance, l'immense calme tranquille qu'elle promet. Nous sommes dévêtus ; nous sommes nus et dépossédés ; nous rejoignons la pierre ou la rivière qui sont sans appel, complètes par définition et homogènes à elles-mêmes. Mais cela—cette paix vide—n'arrive jamais : un garçon entr'aperçu très beau ce matin, je l'ai suivi hors des roseaux, bénéficiant pour mon bonheur longtemps de tout son dos—et guidé par lui, j'ai rejoint les rues commerçantes, qui sont (il est vrai) une autre version de moi.

Un peuple : beaucoup
de gens marchent dehors dans la totalité des rues
ce soir de neige et de grève générale, là-bas
la cathédrale illuminée
le tout près de moi
cycliste : son dos répand
un si grand règne de repos   je voudrais rejoindre encore
si un futur existe
quand la mort nous tiendra tranquille
—c'est lui mettons
qui marcherait et que nous
respirons

Un peuple : dieu est la définition d'un Ø
mais des garçons restent kasher ou hallal
ou la nuque propre fraîche des très chrétiens
et c'est eux
dont on possède l'envie majeure et à eux on adresse
tous les yeux de la prière (par hasard
radieuse une autre kippa) et pourquoi
les croyants excitent sexuellement plus, mystère. Peut-être
abrités dans le regard
ils marchent suivis par
tant d'attention, et qui? quel savoir à la fin arrive si on soulève la gandoura d'un jeune
barbu et lui suce encore le sexe

VINCENT BROQUA

[TRANSLATED BY JEN BERVIN]

GIVEN

(NOVEL FOR S.)

Today   24

    A line . traced straight
    and a disarray which is
    nothing other than this novel

Aujourd'hui   12

    . . . . .of a quotation
    gives itself over in the
    dissolution of phrase, at
    the point where material
    lies entangled on the body,
    at the interstices

Again   30

                where is the questioning

everything told the reader that she couldn't help but throw herself into
an adventure where he cannot help but lose himself

Matisse tells me: "I've been looking for a new object
for months. I don't know which one.
I seek a shock." [98]

This   26

                red literally
                carmine as vivid as this
                a stalk of rhubarb

Of course, a fragment
of discourse, perhaps
or maybe this

already a proposition

there would be a simple breach
three gashes like lips curl
slightly oblique in the blue
of the stretched canvas

a mode of reading
float   the 7 first days

the sentence's actor doesn't so much
mechanically produce it as define the
moment of its uncertain completeness

I

a gift if you want it
would amount to wanting to give: g[if]t

who is the one of whom one speaks with
such consideration? g[ive]n

that this and nothing else
surpasses the idea of the oblivion
contained in its figure

or say this:

"the reader, he, questions himself—here it is—
his own questioning rests on the proposition
that has been made to him. he doesn't know
how to take it. he would say this:
        "I see....

4

22

and so we pass the coordinates
of the movement from the sequence
to the series we design then
this diagram which resolves nothing

                just this idea
         which is already no
              longer an idea it
                 thinks in relation to   2
         a succession of phrases
         and their disagreements

a novel in other words / whose
operations / happen on the side /

There is this jour-
nal or not a few
facts . which one will
say don't repre-
sent him at all

                                                                5
Given that the author could encapsulate these few
days of existence : conclusion :: *proposition to the present*
I here conclude the tentative novel of s., not yet 1 year old

[GIVEN : *past participle of give* 1. Specified or stated
2. Inclined or disposed to 3. conferred or bestowed as a
gift 4. *Archaic* Law (of a document) signed or dated
// preposition taking into account // *noun* a known or
established fact or situation ; *A GIFT A PRESENT*]

VINCENT BROQUA

[ORIGINAL TEXTS]

GIVEN

(ROMAN POUR S.)

Given a été publié dans son intégralité par Contrat Maint en 2010. Les texte est reproduit avec
l'autorisation des éditeurs http://www.contratmaint.com/contrat_maint/accueil.html
Les cartes établissant les jeux de correspondance des chiffres de Given
est un travail réalisé par Jen Bervin lors du séminaire de traduction.
Ces cartes ont été données au public au moment de la lecture.

Aujourd'hui   24

          Une ligne . tracée droite
          et un désordre qui n'est
          rien d'autre que ce roman

Today   12

          . . . . .d'une citation
          se donne dans la
          désunion de phrase, à
          l'endroit où l'étoffe se lie
          au corps, aux interstices

Encore   30

                    où est l'interrogation

tout disait à la lectrice qu'elle se jetait dans une
aventure où il ne pouvait que se perdre

Matisse me dit : « je cherche un nouvel objet depuis
des mois. je ne sais lequel.
je cherche un choc » [98]

Ceci   26

                    rouge littéralement
              autant que ce carmin vif
              d'une tige de rhubarbe

Il y a ce jour-
        nal ou non quelques
        faits . dont on se
        dira qu'ils ne le
        représentent en rien

                                        5
Etant donné que l'auteur pourrait clôturer ces quelques
jours d'existence : conclusion :: *proposition au présent*
je conclus ici le roman conditionnel de s., pas encore 1 an

[GIVEN : *past participle of give* 1. Specified or stated
2. Inclined or disposed to 3. conferred or bestowed as a
gift 4. *Archaic* Law (of a document) signed or dated
// *preposition* taking into account // *noun* a known or
established fact or situation ; *A GIFT A PRESENT*]

GIVEN

1 — 5   12 — 1 - 4   2 2 — 3. 3.

3 – 2   B / 2   7 – 2

24   30   13   23   28   22   27
12   26   29   1   4   2   5

24 / 2   26 / 2 13

JEN BERVIN

[TRANSLATED BY VINCENT BROQUA]

THE·NIAGARA·BOOK

MARK·TWAIN
W·D·HOWELLS
E·S·MARTIN
N·S·SHALER
JEN·BERVIN

                        Je pouvais me
qu'il n'y avait pas de fond dans

                    tout mon entourage,

je n'ai pas entièrement perdu patience
   j'étais

        comme tout le monde

            j'

épuise d'avoir été fait

je
me hâte de porter   tout une lettre
au   papier ;

Toute

mon inquiétude

au sujet des lettres que j'ai écrites

où je me suis arrêté j'ai

étonné

VII.

les

fleurs   qui
grondent

avaient des pistils noirs
qui tombent

une sorte de soupir
souvent rencontré à l'écrit

jamais, je ne m'oppose   au papier-

une leçon de chose

LE PONT DE GLACE SE ROMPT.

LE PONT DE GLACE.

je préfèrerais bien encore l'épin-

aurait construit la glace-

la rivière obstruée
de carrés et de rectangles immenses

je   me penche sur tout cela

                              ces petites

figures noires   rampent par dessus

Niagara   nous avons traversé

une étrange
réticence

                l'éloignement
        vitreux dans
                        nos propres
                tasses

les
                        particules
sur le bord ressemblaient à un tapis de
violettes sauvages – ces mêmes violettes
cristal des confiseurs.

JEN BERVIN

[ORIGINAL TEXTS]

I could say to
myself that there were no bottoms in

everyone about me,

I did not wholly lose patience
I was

like any other

I

wear at having been made

I

hasten to send a whole letter
to paper;

All

my anxiety concerning the letters I wrote

where I stopped I

baffled

VII.

the

flowers   which
roar

had black plumes in them
that droop

a sort of sigh
often known in print

I never   object   to the paper-

an object lesson

THE BREAKING OF THE ICE BRIDGE.

Photographs by H. Wilson Saunders.

THE ICE BRIDGE.

I should still prefer the pin-

would have built the ice-

the river blocked

with huge squares and oblongs

I   took down upon it all

                                        these small
black figures   crawling over it

    Niagara   we penetrated

a weird
reluctance

       the glazed
remoteness in
         our own
       cups

the
           particles
along the brink were like a wilding growth of
violets—those candied violets you see at the
confectioner's.

DONNA STONECIPHER

[TRANSLATED BY MARTIN RICHET]

INCRUSTATION 7 (FRANZ KAFKA)

1

Il est allé au Japon mais n'y a pas vu de geishas. Il est allé au Kenya mais n'y a pas vu de girafes. Il a la surprise, en ouvrant son livre, d'y trouver un autre livre. Après une mauvaise nuit dans la chambre 536, la piscine l'avale comme une bouche bleue carrée avale un somnifère.

2

Il est difficile de déchirer une photo qui montre un visage. Dans le plus petit morceau, le visage reste intact. Il sourit du fond de la corbeille, sourit en tombant du camion poubelle sur la pelouse, sourit encore en flottant à travers la ville jusqu'à ta porte.

3

Les jeunes gens venus des pays moins puissants viennent étudier la langue du pays voisin plus puissant. Le questionnaire montre, avec une faible marge d'erreur, que tel pourcentage de femmes préfère se mettre à genoux pour procurer tel acte sexuel.

4

Elle a envie de pleurer quand elle lit dans le journal que la sensation de déjà-vu est une réaction chimique corporelle et non une fenêtre magique sur des existences futures et passées. Le miroir ovale suspendu à la cheminée par un ruban noir reflète une partie du canapé et le sourire de la lampe en forme de geisha.

5

L'exilé russe aux yeux bleus admet—non sans fierté—qu'il a un accent en chaque langue : il a l'accent russe quand il parle l'allemand, l'accent allemand quand il parle le russe, un accent indéterminé quand il parle l'anglais, et un accent anglais quand il parle indéterminément.

6

Le langage de la liquéfaction. Tentatives aguichantes de tractions. Un éclat de satisfaction. Il observe attentivement le mot comme un jeton aux facettes spectaculaires. Elle se demande si ce qu'elle a lu est vrai, si, en parlant une langue étrangère, on ne peut s'empêcher de rejoindre cette tribu étrangère.

> « Ce que vous dites paraît raisonnable, répond l'homme, mais
> je refuse la corruption. Je suis venu fouetter, et je fouetterai. »

7

La majorité silencieuse dévisage la minorité vociférante. Plus que jamais, les yeux se ferment lorsque les rideaux de velours tombent sur l'écran. Plus que jamais, des

mains allument la lumière en journée. Plus que jamais, les cosmopolites exami-
nent soigneusement des fleurs tropicales dans l'obscurité.

8

Les jeunes gens venus des pays moins puissants ne prennent pas le temps d'admirer
la beauté complexe de leur nouvelle grammaire. Ils recopient soigneusement leur
vocabulaire dans des cahiers de brouillon et, dans leurs propres langues, se mo-
quent des cheveux, des accents, des lunettes, des vêtements et des chaussures de
leurs professeurs et rient.

9

A Paris, la fille américaine qui parle le français commence presque imperceptible-
ment à battre des cils. A Saint-Paul, le garçon allemand qui parle l'anglais est pris
du besoin de combler le silence avant même qu'il n'advienne. Un de ses meilleurs
souvenirs est, dit-elle, d'avoir eu une sensation de déjà-vu du déjà-vu.

10

Il est allé en France mais n'a pas vu d'existentialistes. Il est allé en Italie mais n'a pas
vu le dolce farniente. Il est allé en Chine mais n'a pas vu de pandas géants. Il est allé
en Californie mais n'a pas vu le moindre surfeur. Sa collection de coquillages gran-
dit cependant à chacune de ses vacances.

INCRUSTATION 8 (CLAUDE LÉVI-STRAUSS)

1

Il est né à Kaya, au Burkina Faso, mais vit maintenant à l'étranger. Elle est née à Frankfort, en Allemagne, mais vit maintenant à l'étranger. Elle est née à Séoul, en Corée, mais vit maintenant à l'étranger. Il est né à Vancouver, au Canada, mais vit maintenant à l'étranger.

2

Si elle passait la ville au tamis, comme elle l'imaginait parfois, ne lui resterait-il que les autochtones, au sang pur et au pédigrée impeccable? Chacun finit par descendre le Philosophen-weg et s'ébahir de roses hiéroglyphiques ancestrales et de scarabées aux pattes super-fines.

3

Il est comme moi, dit-il. Il a une carte intérieure des hôtels qui couvre l'Europe toute entière. Et c'est vrai : si l'on rencontrait ensemble un homme de Cologne, il prendrait un air lointain et s'arrangerait pour que la conversation porte sur le fabuleux Hôtel Dom.

4

Quant à moi, je préfèrerais infiltrer les terres étrangères par la route des épices que par la route de la soie. La muscade, la menthe, la cannelle, l'anis, le curcuma, la cardamome, l'hôtel, le parlement. Assise dans une copie de calèche, je pense au mythe du legs de la demeure familiale.

« Je déteste le voyage et les explorateurs. »

5

Elle est née à Montpellier, en France, mais vit maintenant à Londres. Il est né à Miramar, en Argentine, mais vit maintenant à Tokyo. Il est né sur une île des Caraïbes mais vit maintenant à Paris. Elle est née à Bangalore, en Inde mais vit maintenant à Los Angeles.

6

« Fleuris où l'on te plante » dit l'affiche au mur de sa salle de classe d'enfance. Elle se souvient de la lueur tamisée de l'aquarium dans le couloir de l'école, et de la maxime édifiante incarnée par le poisson, maxime qu'en passant sur la pointe des pieds elle n'a jamais su élucider.

7

Mais elle a depuis longtemps changé de peau, et cette peau a depuis longtemps changé d'elle : l'école n'existe plus, sinon comme album d'images jaunies dans un petit nombre d'esprits non-commémoratifs. Comme l'avenir nous appartenait, quand on se levait tôt.

8

L'Inez italien devint l'Inez indien devint l'Inez japonais. Les parisiens, pendant ce temps, pressés de rejoindre les cafés récemment repris par les immigrés chinois, ne s'y sont pas arrêtés. Tout le monde finit par descendre le Passage d'Enfer, étouffé par les volets et portes fermées.

9

De ce seul aéroport s'atteignent Genève, Fez, Malte, Alicante, Berlin, San Francisco et Louxor. Nous le ferons un jour, dit-il. Nous arriverons à l'aéroport, une valise chacun, pour partir vers la destination qui nous semble contenir la plus grande promesse d'annihilation.

INCRUSTATION 15 (PLATON, VIA ARISTOTE, VIA ELAINE SCARRY)

1

Le disciple interroge le prophète du postmoderne : hum, vous vous adressez au déplacement de qui, exactement? Déplacement, embarquement : il y a des mots qui ont des cœurs liquides, comme certains chocolats. Chaque jour, partout dans le monde, toujours plus de villageois quittent leur foyer pour disparaître en ville.

2

Son secret est bien gardé. Personne ne sait qu'il passe ses nuits dans l'obscurité à porter le deuil des états-nations. On voit briller la ville à travers ses fenêtres sans rideaux, elle télégraphie ses promesses verticales et ses noyaux creux. En haut de la colline lointaine, y a-t-il une croix ou une tour radio?

3

Personne n'aime descendre un escalator en panne. Elle se promène dans un verger embroussaillé à la limite de la ville quand un arbre orné de pommes lui rappelle son vieux désir : être la fille dans un roman de Hardy, qu'une seule nuit de fête représente la romance d'une vie entière.

4

Je ne sais trop quoi penser de la monogamie en série. Je ne sais trop quoi penser des chinoiseries chinoises. Je ne sais trop quoi penser de l'infestation de papillons blancs. Et je ne sais trop quoi penser du rêve dans lequel tu es poursuivi par un gigantesque chaton persan dans un diorama de Queens.

« Pourtant, dit Platon, l'esprit est un cercle, cela doit être le cas. »

5

Detroit rétrécit. Manchester rétrécit. Leipzig rétrécit. Dans la boutique souvenirs, elle trouve la ville miniaturisée dans des boules à neige. Pourquoi est-ce ainsi que l'on tient à s'imaginer la ville visitée, à jamais prise dans les affres de l'hiver? Pourquoi est-ce ainsi que l'on tient à s'imaginer la ville visitée, tenue dans la paume de sa main?

6

Sur son chemin, l'infographiste se penche pour ramasser une châtaigne. Plus tard, dans son bureau du $39^{\text{ème}}$ étage, il sent que le silence de l'arbre lui irrigue la tête comme une sape bienveillante. Depuis, il a toujours secrètement sur lui une châtaigne, une plume ou une petite pomme de pin.

7

Il est difficile de maintenir l'équilibre entre connaissances et inconnus. Ce n'est pas la première fois que j'envie mon ami venu d'un petit pays, où la capitale écrème en permanence les provinces, et où l'obscurité de la langue sert de code secret pour mystifier les pays plus importants.

8

Je ne sais trop quoi penser de ce qui épate le bourgeois. Je ne sais trop quoi penser des magnolias dans l'espace. Je ne sais trop quoi penser de la réintroduction des renards. Et je ne sais trop quoi penser de l'obsession du cosmopolite pour ses photographies de gratte-ciels au sténopé.

9

Les coquillages des stations balnéaires bordent les fenêtres des enclavés tandis que les bouteilles en plastique vert-marin échouent toujours plus nombreuses sur les côtes ; on fait sauter des bâtiments abandonnés dans les villes qui rétrécissent tandis que les bidonvilles prennent la terre de celles qui ne cessent de s'étendre—

10

« Un papillon blanc se préoccupe du nénuphar et du chaton. Elle voit que tout est également saisi par la lumière du soleil—la mare, l'érable, la libellule, le banc, le groupe de gens vêtus de blanc sur le pont, au loin—tout s'aime, de loin, sous le soleil. »

11

Schönhauser Allee signifie Allée des Belles Demeures. Bellevue signifie Belle Vue. Bellevue Vista signifie Vue sur la Belle Vue. Les visiteurs rapportent de petites villes réfractaires domestiquées par le verre. C'est tout ce qu'ils méritent : une belle vue d'une belle demeure parmi d'autres belles demeures. Une belle maison.

DONNA STONECIPHER

[ORIGINAL TEXTS]

INLAY 7 (FRANZ KAFKA)

1

He travelled to Japan but he didn't see any geishas. He travelled to Kenya but he didn't see any giraffes. When he opened the book, he was surprised to find inside it another book. After a bad night in room 536, the hotel pool swallowed him like a square blue mouth swallowing a sleeping pill.

2

It is hard to rip up a photograph with a face in it. In the tiniest torn-up piece, the face is still intact. The face lies smiling up from the bottom of the wastebasket, and then smiles as it falls out of the garbage truck onto a lawn, and then smiles as it drifts slowly across the city back to your door.

3

Young people from the less powerful country came over to study the language of the more powerful neighboring country. The questionnaire found that, within a small margin of error, such-and-such percentage of women prefer to be on their knees while performing such-and-such sexual acts.

4

She felt like crying when she read in the paper that déjà vu was a chemical reaction in the body and not a magical window into existences previous and future at all. The oval mirror hanging by a black ribbon above the mantel reflected part of the dark sofa and the smile on the porcelain geisha lamp.

5

The Russian exile with blue eyes admitted—not without a certain pride—that he had an accent in every language: A Russian accent speaking German, a German accent speaking Russian, an indeterminate accent speaking English, and an English accent when speaking indeterminately.

6

The language liquefaction. Sexy attempts at traction. A smattering of satisfaction. He held the word up to the light like a spectacularly faceted chit. She wondered if it were true what she had read, that when one speaks a foreign language, one cannot help but become a member of that foreign tribe.

> "What you say sounds reasonable enough," said the man, "but I refuse to be bribed. I am here to whip people, and whip them I shall."

7

The silent majority stared hard at the vocal minority. More and more, there were
eyes closing as velvet curtains descended upon screens. More and more, there were
hands turning on electric lights in the daytime. More and more, there were cos-
mopolitans carefully examining tropical flowers in the dark.

8

The young people from the less powerful country did not stop to admire the com-
plicated beauty of their new language's intricate grammar. They made neat vocab-
ulary lists in cheap notebooks, and in their own language made fun of the profes-
sor's hair, glasses, clothing, shoes, and laugh.

9

In Paris the American girl speaking French began almost imperceptibly to bat her
eyelashes. In St. Paul the German boy speaking English had the urge to fill silences
almost before they began. One of the most marvelous memories of her life, she
said, was of having déjà vu of having had déjà vu.

10

He travelled to France but he didn't see any existentialists. He travelled to Italy but
he didn't see dolce far niente. He travelled to China but he didn't see any panda
bears. He travelled to California but he didn't see a single surfer. Nevertheless his
shell collection, with every vacation, grew.

INLAY 8 (CLAUDE LÉVI-STRAUSS)

1

He was born in Kaya, Burkina Faso, but now he's living abroad. She was born in Frankfurt, Germany, but now she's living abroad. She was born in Seoul, South Korea, but now she's living abroad. He was born in Vancouver, Washington, but now he's living abroad.

2

And if she ran the city through a sieve, as she sometimes imagined doing, would she be left with only the natives, pedigreed and pure? Everybody, eventually, goes down the Philosophenweg, gaping at hieroglyphic heirloom roses and beetles with supersvelte legs.

3

He's like me, he said. He has an inner map of hotels all over Europe. And it was true: if we met a man from Cologne, he'd get a faraway look in his eyes and eventually work the conversation around to say, ". . . and tell me, do you know the marvelous Hotel Dom?"

4

As for me, I would choose to infiltrate foreign territories via the spice route rather than the silk route. Nutmeg, mint, cinnamon, aniseed, turmeric, cardamom, the hotel, the parliament. I sat in the reproduction victoria thinking about the myth of the bequeathal of the family house.

"I hate traveling and explorers."

5

She was born in Montpellier, France, but now she's living in London. He was born in Miramar, Argentina, but now he's living in Tokyo. He was born on an island in the Caribbean, but now he's living in Paris. She was born in Bangalore, India, but now she's living in L.A.

6

"Bloom where you are planted," read the inspirational poster tacked up in her childhood classroom. She remembered the school's aquarium glowing dimly in the main hallway, and how the fish fulfilled some edifying dictum she could never, tiptoeing by, definitively figure out.

7

But she had long since shed that skin, and that skin had long since shed her: the school no longer existed, except as an album of crumbling images in a small number of non-commemorative minds. Oh, there'd been so many worms—back when one was an early bird.

8

The Pizzeria Inez became the Curry House Inez became the Sushi Inez, and all the while Parisians hurried past on their way to cafés recently overtaken by Chinese immigrants. Everyone goes down the Passage d'Enfer eventually, hushed by the shuttered windows and doors.

9

From this airport alone, you could fly to Geneva, Fez, Malta, Alicante, Berlin, San Francisco, and Luxor. We'll do that one day, he said. We'll arrive at the airport with one suitcase each and fly to the destination that seems to us to hold the greatest promise of annihilation.

INLAY 15 (PLATO, FROM ARISTOTLE, FROM ELAINE SCARRY)

1

The disciple asked the prophet of the postmodern: um, whose displacement exactly did you say you were speaking to? Displacement, embankment: some words have liquid centers, like some chocolates. Each day around the world, more and more villagers leave home to disappear into cities.

2

His secret was safe. Nobody knew how he would sit in the dark of his apartment at night mourning the decline of nation-states. The city glimmered through his curtainless windows, telegraphing its vertical promises and its hollow cores. At the top of the far-off hill, was it a cross or a radio tower?

3

No one likes walking down a broken escalator. She was wandering through an overgrown orchard on the outskirts of the city when a tree ornate with apples triggered her old desire to be a girl in a Hardy novel: whereby a single, starred night of maying would supply the stuff of romance for a lifetime.

4

I don't know what to say about serial monogamy. I don't know what to say about Chinese chinoiserie. I don't know what to say about the infestation of white butterflies. And I don't know what to say about the dream in which you are chased by a giant Persian kitten through a diorama of Queens.

"Yet, says Plato, it must be the case that the mind is a circle"

5

Detroit is shrinking. Manchester is shrinking. Leipzig is shrinking. In the souvenir shop she found miniatures of the city in snow globes. Why is this how one likes to imagine the visited city, forever in the throes of winter? Why is this how one likes to imagine the visited city, fitting into the palm of one's hand?

6

Walking back to his office the graphic designer stooped to pocket a chestnut. Later, at his desk on the thirty-ninth floor, he felt the speechlessness of the tree work through his head like a benevolent sap. From that day on he secretly carried a chestnut, or a feather, or a small pinecone in his pocket at all times.

7

It is hard to keep the balance between strangers and acquaintances. Not for the first time, I envied my friend from a small country, where the capital ritually skims the cream from the provinces, and where the obscure language functions like a secret code to keep people from bigger countries in the dark.

8

I don't know what to say about *épatering les bourgeois*. I don't know what to say about the magnolias in space. I don't know what to say about the reintroduction of foxes. And I don't know what to say about the cosmopolitan obsessively photographing the skyscraper through a replica pinhole camera.

9

Spiraled seashells from vacation beaches line the windowsills of the landlocked, while sea-green soda bottles wash up in ever greater numbers on the shore; abandoned buildings are blown to pieces in the shrinking cities, while makeshift shacks amass the land in all the cities that expand and expand—

10

"A white butterfly concerned itself with this lilypad and that catkin. She saw that everything was felt equally by the sunlight—the pond, the maple, the dragonfly, the park bench, the group crossing the footbridge in the distance dressed in white —everything was lovable, from a distance, under the sun"

11

Schönhauser Allee means Alley of Beautiful Houses. Bellevue means Beautiful View. Bellevue Vista means Beautiful View View. The visitors carried home little refractory cities tamed in glass. It's what every visitor deserves: a beautiful view from a beautiful house among beautiful houses. A beautiful home.

MARTIN RICHET

[TRANSLATED BY DONNA STONECIPHER]

A PREFACE.

A preface.
I don't think so.
I don't understand this.
I don't see it.
This is what happened.
In the beginning there is wonder.
Wonder in measuring.
A height. And that's not all.
The wondrous place. Eventually it ends up
in a system. Or a treasure. What's treasure.
Apart from that. What polishes pleasure.
In the beginning there is pleasure.
It's a choice.
I decided yesterday.

USEFUL KNOWLEDGE.

What's all this fuss about a dog?
The pebble receives rain on one side only.
The fine grains of sand turned into glass.
The river parts the water when it ought to.
Coincidence? Romance is Useful Knowledge.

■

Let's see.
Birth of W.
In the shadow of fraternity.
The scene of the future.
The sense of the past.

■

To reflect the measure of his thought:
this, the instruction of those who stole.
Who steals. We, me, I could have stolen.

■

Could you love a couplet?

■

Right angles.
A man of faith had three daughters.
What's the name of the oldest daughter?
What's the name of the middle daughter?
And the youngest? Forest.
Thus we are not always married.

■

Thirty years
forty years
of past.

■

That day W arrived. We see in him
a strange fertility. A dramatic life.
Persecution? "Language is evil."

INTERIOR.

The act of birth reinserts itself.
What does one execute.
Interior.
Night is not shining.

To consent to consent.
She has to consent.

Paul who lost his money.
Jean still has a lot.
Joséphine heiress.

Scene.
A threshold.
A house will do.
Street in a city said to be pretty.

I have a wife and child. I have a wife for
child. This child is mine. Brief interval
of time. They change with them. At
the door. At a distance from the door.

Delicate. I'm terribly scared but I'm there.

■

Georges Maratier in America.
The sexual life of Genia Berman.
A book by Georges Hugnet.
The decision of Éric Haulville.
The evocation of Henri d'Ursel. The renown
of Bernard Faÿ. The prophecies made
to René Crevel. These titles are
composed of uninterrupted
phrases. The thing is, sucking
is dangerous. Danger
of suction.
In itself.
For itself.
With themselves.

■

My turn. It's mine.
Why is it mine.
Yours. Ours. Yours. Why
should it have to
be. Ours. Theirs. Mi
ne. Mine. When
it's ours it's
mine. Or
what
is
mine.

It's my turn.
Naturally.
It's a worrisome wheelbarrow.

They come back.
They have met.

Joséphine speaks first.
One. Often doesn't. Know.
That one has. Disturbed them.
In vain it's. In vain.
That they calculate. To the
lambs go the little girls.

The little girls re
semble little
dogs.

■

Clever. Very clever. Cute.
Very cute. Critical. Critical.
I don't want to be visible or invisible.

SPECULATION.

A story of lucidity.
A story of intrusion.
A story instead and reproach.
Follow instead of am.
One one one.
One
one day.
Untied and unified.

■

I have a name.
Hers is the same.
Expression.

■

Scene one.

Nothing is more aggravating.
In flipping through a book.
Missing

Between a sign
or light
or scale.

Whose from which of. Or helped.
Of what they have from whom
or have been.
Too.
To be emphasized.

Richly held.
To be against.
Because.
Idleness.
Is no prize.

More apt.
To have been.
Otherwise it's drop.

Difficult.

Liberate or deliberate.
Difference is a do or done.

■

Protection.
Protection
protection

speculation
protection
protection.

∎

The moon is round as a button.
Buttons are not always round
says Alain. I had no complaints.

MARTIN RICHET

[ORIGINAL TEXTS]

UNE PRÉFACE.

Une préface.
Je ne crois pas.
Je ne comprends pas.
Je ne vois pas.
C'est ce qui s'est passé.
Au commencement il y a émerveillement.
Émerveillement en mesurant.
Une hauteur. Ce n'est pas tout.
Le coin merveilleux. Ça finit par faire
système. Ou trésor. Qu'est-ce qu'un trésor.
À part ça. Qu'est-ce qui lisse le plaisir.
Au commencement il y a plaisir.
C'est un choix.
J'ai décidé hier.

CONNAISSANCE UTILE.

Qu'est-ce que c'est que cette comédie d'un chien?
Le caillou reçoit la pluie sur une seule face.
Les grains de sable fins ont fait du verre.
Le fleuve scinde l'eau quand il le faut.
Coïncidence? Romance est Connaissance Utile.

■

Voyons voir.
Naissance de W.
À l'ombre de la fraternité.
La scène du futur.
Le sens du passé.

■

Refléter la mesure de sa pensée
ainsi l'instruction de ceux qui ont volé.
Qui vole. On aura, moi, j'aurai pu voler.

■

Sauriez-vous aimer un couplet ?

■

Angles droits.
Un homme de foi avait trois filles.
Comment s'appelle l'aînée ?
Comment s'appelle la puinée ?
La benjamine ? Forêt.
Ainsi nous ne sommes pas toujours mariées.

■

Trente ans
quarante ans
de passé.

■

Ce jour-là W est arrivé. On lui reconnaît
une drôle de fertilité. Une vie de drame.
Persécution? « Le langage c'est le mal. »

INTÉRIEUR.

Se réinsère l'acte de naissance.
Qu'est-ce qu'on exécute.
Intérieur.
Nuit n'est pas brillant.

Consentir consentir.
Elle a à consentir.

Paul qui a perdu son argent.
Jean en a encore beaucoup.
Joséphine héritière.

Scène.
Un seuil.
Une maison c'est parfait.
Rue dans une ville qu'on dit jolie.

J'ai femme et enfant. J'ai femme pour
enfant. Cet enfant c'est le mien. Bref
intervalle de temps. Ils changent avec
eux. À la porte. À distance de la porte.

Délicat. J'ai terriblement peur mais je suis là.

■

Georges Maratier en Amérique.

La vie sexuelle de Genia Berman.

Un livre de Georges Hugnet.

La décision d'Éric Haulville.

L'évocation d'Henri d'Ursel. La renommée

de Bernard Faÿ. Les prophéties faites

à René Crevel. Ces titres se

composent de phrases sans

interruption. C'est que sucer

est dangereux. Danger

de la succion.

En soi.

Pour soi.

Avec eux.

■

À moi. C'est à moi.

Pourquoi est-ce à moi.

À vous. À nous. À toi. Pour

quoi faudrait-il que ce

soit. À nous. À eux. À

moi. À moi. Quand

c'est à nous c'est

à moi. Ou

ce qui

est

à

moi.

C'est à moi.
Naturellement.
C'est une brouette qui inquiète.

Ils reviennent.
Ils se sont connus.

Joséphine parle la première.
On. Ne sait souvent. Pas.
Qu'on les. A perturbés.
En vain c'est. En vain.
Qu'ils calculent. Aux
agneaux les petites.

Les petites filles re
ssemblent aux petits
chiens.

■

Malin. Très malin. Mignon.
Très mignon. Critique. Critique.
Je ne veux pas être visible ou invisible.

SPÉCULATION.

Une histoire de la lucidité.
Une histoire de l'intrusion.
Une histoire à la place et reproche.
Suivre à la place de suis.
Un un un.
Un
un jour.
Délié et uni.

■

J'ai un nom.
Elle le même.
Expression.

■

Scène un.

Rien n'est plus agaçant.
En parcourant un bouquin.
Il manque.

Entre un signe
ou lumière
ou portée.

Qui de ce dont. Ou aidé.
De ce qu'ils ont
ou ont été.
Aussi.
À souligner.

Richement tenu.
D'être contre.
Parce que.
L'oisiveté.
N'est pas un cadeau.

Plus apte.
D'avoir été.
Sinon c'est laisser.

Difficile.

Libère ou délibère.
Différence est un fait ou faire.

■

Protection.
Protection
protection

spéculation
protection
protection.

■

La lune est ronde comme un bouton.
Tous les boutons ne sont pas ronds
dit Alain. Je ne me suis pas plaint.

JOSHUA BECKMAN was born in New Haven, Connecticut. He is the author of six books, including *Take It* (Wave Books, 2009). He is an editor at Wave Books and has translated numerous works of poetry and prose, including *Poker* by Tomaz Salamun, which was a finalist for the PEN America Poetry in Translation Award.

Poet and visual artist **JEN BERVIN**'s work brings together text and textile in a practice that encompasses large-scale art works, artist books, poetry, and archival research. She received fellowships from The Josef and Anni Albers Foundation, New York Foundation for the Arts, The MacDowell Colony, and The Camargo Foundation. www.jenbervin .com

Some books written by **STÉPHANE BOUQUET** include, *Nos amériques* (2010); *Un peuple* (2007); *Un monde existe* (2002). All are published by Champ Vallon. He is also a screenplay writer and translator, and has recently translated Paul Blackburn and Robert Creeley.

MARTIN RICHET was born on July 4, 1977. He lives and translates in Paris. Recent and forthcoming publications include the translations of *Gesualdo*, by Lyn Hejinian, published by Éric Pesty; Robert Creeley's *There, Poems 1968–1975*, published by Héros-Limite; *Name*, by Alan Davies and *The Autobiography of Gertrude Stein* published by Éric Pesty.

DONNA STONECIPHER is the author of three books of poetry: *The Reservoir* (2002), *Souvenir de Constantinople* (2007), and *The Cosmopolitan* (2008), which won the 2007 National Poetry Series, selected by John Yau, and was published by Coffee House Press. She also translates from German, and lives in Berlin.

VINCENT BROQUA is a writer and translator. He is one of the founding members of the Franco-American organization, Double Change (www.doublechange.com). He teaches at the University of Paris Est. Among other publications: *Given* (Contrat Maint, 2009), David Antin's *what it means to be avant-garde* (co-translated with A. Lang et O. Brossard).

JOSHUA BECKMAN est né à New Haven, Connecticut. Il est l'auteur de six livres dont *Take it* (Wave Books, 2009). Il est éditeur à Wave Books et a traduit de très nombreux livres de poésie et de prose, dont *Poker* du poète slovène Tomaz Salamun, finaliste du prix de traduction du PEN America Poetry.

Poète et artiste, **JEN BERVIN** fait se rencontrer texte et textile dans un travail qui prend la forme de pièce artistique de grande taille, de livres d'artiste, et s'instancie dans la poésie et la recherche en archives. Elle a reçu des bourses de la Josef et Anni Albers Foundation, la New York Foundation for the Arts, la MacDowell Colony et la Fondation Camargo. www.jenbervin.com

Parmi les livres de **STÉPHANE BOUQUET** : *Nos amériques* (2010) ; *Un peuple* (2007); *Un monde existe* (2002). Il sont tous publiés par Champ Vallon. Par ailleurs, il est aussi scénariste et traducteur. Il a recemeent traduit Paul Blackburn et Robert Creeley.

MARTIN RICHET est né le 4 juillet 1977. Il vit et traduit à Paris. Publications récentes et à venir : Lyn Hejinian, *Gesualdo*, Éric Pesty Éditeur ; Robert Creeley, *Là, Poèmes 1968–1975*, Éditions Héros-Limite ; Alan Davies, *Nom*, Le clou dans le fer ; Martin Richet, *L'autobiographie de Gertrude Stein*, Éric Pesty Éditeur.

DONNA STONECIPHER est l'auteure de trois livres de poésie : *The Reservoir* (2002), *Souvenir de Constantinople* (2007) et, chez Coffee House Press, *The Cosmopolitan* (2008), qui a remporté le prix 2007 de la National Poetry Series, décerné par John Yau. Elle traduit également de l'allemand et vit à Berlin.

VINCENT BROQUA écrit et traduit. Il est l'un des membres de Double Change (www .doublechange.org). Il est également maître de conférences à l'Université de Paris Est. Parmi ses publications: *Given* (Contrat Maint, 2009), *ce qu'être d'avant-garde veut dire* de David Antin (co-traduit avec A. Lang et O. Brossard).